# LA LOGIQUE

## DU

# COTE GAUCHE

PAR

## GIL PÉRÈS

BAR-LE-DUC. — TYPOGRAPHIE DES CÉLESTINS

—

PARIS. — BLOUD ET BARRAL, LIBRAIRES
30, RUE CASSETTE, 30

—

1876

# A MON IMPRIMEUR

---

*Mon très-cher,*

*C'est vous qui donnez des ailes à ma pensée. C'est vous qui la revêtez de cette forme sensible, grâce à laquelle un borgne peut la saisir au vol.*

*J'ai donc tout lieu de croire que les mandataires du suffrage universel, y compris le président de la commission du budget, trouveront que je parle avec clarté.*

*Seuls les esprits mal faits ne me comprendront pas. Mais comme, pour me lire, les élus du peuple souverain éviteront de me tourner le dos, Gustave Naquet lui-même reconnaîtra que je suis intelligible.*

*Voulant dédier cette œuvre à mon meilleur ami, je vous prie, disciple de Guttemberg, d'en accepter l'hommage.*

*Tout Vôtre*

GIL PÉRÈS,

Nota. — Au moment de mettre sous presse, j'apprends que M. Ricard est mort. — Tout passe, hélas ! sans en excepter les tenants de la Révolution. Dieu seul demeure, à l'exclusion des *immortels principes* de 89.

Quant à l'Eglise, son divin Fondateur lui a fait, dans la personne du chef des apôtres, une promesse qui doit tranquilliser les catholiques : « Tu es Pierre et, sur cette Pierre, je bâtirai mon Eglise, et les Puissances de l'Enfer ne prévaudront jamais contre elle ».

# I.

Le 26 février dernier, je constatais le triomphe du radicalisme dans la plupart de nos départements.

Je rappelais, en outre, à MM. les conservateurs qu'un principe une fois admis il faut en subir les conséquences.

Je leur disais : Vous avez, à tort ou à raison, nommé des radicaux; donc vous aurez une république radicale.

La clarté de ce raisonnement eût ébloui M. de La Palisse.

Eh bien! la plupart de ceux auxquels je l'adressais n'y ont vu que du feu.

Lorsque j'accuse les conservateurs de nous avoir bêtement gratifiés d'une majorité de casseurs d'assiettes, je n'exagère rien.

Il y a conservateurs et conservateurs.

A une époque et dans un pays où les plus

graves événements sont la suite parfois d'un misérable jeu de mots, il est bon de s'entendre.

Il y a les conservateurs qui croient encore à quelque chose et ne veulent pas qu'on se moque des droits imprescriptibles de la conscience, et les conservateurs qui n'ont que des écus, dont ils refusent de se défaire.

Ces derniers ont voté pour les canditats nuance Waddington, lorsqu'ils en ont eu sous la main, et pour les radicaux, dans les départements où les hermaphrodites du centre gauche n'ont pas osé se présenter.

## II.

Cette distinction m'a paru nécessaire.

Maintenant que toute équivoque est impossible, raisonnons un peu.

Et d'abord, qu'est-ce que le radicalisme ?

Je n'aurai pas la bonhomie d'en donner une définition que les radicaux attaqueraient d'autant plus violemment qu'elle serait plus exacte.

Je me bornerai donc à rappeler le programme politico-religieux des frères et amis.

Le voici en peu de mots :

1° Suppression du budget des cultes ;

2º Retrait de la loi sur l'enseignement supérieur ;

3º Réglementation, dans le sens révolutionnaire et athée, de l'enseignement secondaire ;

4º Proclamation de l'enseignement gratuit, laïque et obligatoire dans les écoles communales ;

5º Proscription des communautés religieuses ;

6º Suppression du culte public ;

7º Mise au rancart du mariage religieux ;

8º Interdiction plus ou moins déguisée des sépultures ecclésiastiques, au profit des enfouissements civils ;

9º Liberté absolue de la presse antireligieuse ;

10º Droit illimité de réunion et d'association, toutes les fois que les catholiques ne voudront pas en user ;

11º Réforme de l'impôt, ou ce que la démocratie appelle de ce nom sans respect pour la vérité ;

12º Liberté des cabarets et autres lieux de moralisation à l'usage du peuple.

Telles sont les réformes que la majorité nous a promises.

Les candidats dont le radicalisme était suspect aux citoyens électeurs ont dû apposer leurs signatures au bas de ces revendications exigées par le peuple souverain.

### III.

J'allais oublier de dire que les membres de la majorité ont pris l'engagement formel de réclamer l'amnistie.

Les citoyens Hugo et Raspail se sont chargés, l'un au Sénat et l'autre à la Chambre, de solliciter le rappel des pétroleurs.

Vous croyez peut-être que le clan radical est dans la joie.

Eh bien! non. Beaucoup de gens, parmi les *démocs*, se montrent irrités. Ils affirment carrément que la majorité les joue de la façon la plus odieuse, et ils répètent avec ensemble :

> Tartuffe vit toujours ;
> Il a changé d'habit.

Je comprends leur exaspération, et, de plus, je l'approuve.

Jusqu'à présent, les Jacobins de l'extrême gauche — et pas tous — ont seuls fait preuve de sincérité.

Ceux-là sont restés eux-mêmes.

Le Madier-Montjau de la Chambre n'a pas à rougir du Madier-Montjau de la période électorale.

Ni faux cheveux, ni fausses dents ! toujours la même ganache !

Mais Gambetta, mais Spuller, mais Challemel, mais Brisson, mais toute cette pléiade de nullités tapageuses qui se pressent autour de l'ancien outrancier n'ont qu'un seul but, celui de..... berner leurs électeurs.

Ils ont prêché l'amnistie sur tous les tons et dans toutes les réunions publiques, lorsqu'ils n'étaient encore que candidats, avec l'intention bien arrêtée de l'ajourner aux calendes grecques.

Ils espéraient que la proposition Raspail ferait pousser les hauts cris à la droite et affolerait le gouvernement.

Or, voilà que la droite et le gouvernement, par l'organe de l'aigle de Niort, le mirabesque Ricard, ont demandé l'urgence.

Cette manœuvre, si facile à prévoir, a désarçonné la majorité qui voulait se servir des déportés pour agiter le pays, sans toutefois les ramener en France.

Les communards à Paris ! mais c'est la fin du Gambettisme et le triomphe de l'extrême gauche.

C'est l'inauguration des réunions publiques sur tous les points du territoire ; c'est le contrôle quotidien et sans ménagement des discours et des votes du Génois de Cahors et de ses hommes-liges.

Les têtes démocratiques, échauffées par les déclamations furibondes des amnistiés, rèveront de nouveaux bouleversements.

On traitera Gambetta de *lâcheur* et de *réac*, et la popularité dont jouissent encore les patrons de la *République française* s'en ira à vau-l'eau.

Je ne parle pas du gros de l'Assemblée.

Ces orateurs pâteux et incorrects comprennent d'une manière instinctive que le prestige de leur patron peut seul les tenir debout.

Le jour où Gambetta sera demodé leur règne finira.

Voilà pourquoi ils se groupent autour de l'ancien buveur de chopes devenu le tribun surfait de la voyoucratie.

On se souviendra longtemps de la mine piteuse des gauchers, lorsqu'ils furent mis en demeure d'aborder sans retard la question de l'amnistie. Il leur sembla que le sol s'entr'ouvrait sous leurs pieds.

Que faire ? Quelle attitude prendre ?

Félix Pyat, le chantre des chiffonniers, le Thersite Versmerchs, et Rochefort le lanternier, leur apparurent tout à coup semblables au spectre de Banco.

Gambetta lui-mème, en dépit de sa finesse

italienne et de son *bagout* méridional, sembla déconcerté.

C'est alors que Floquet, l'intransigeant Floquet, monta à la tribune et déclara que la Chambre n'avait pas à se presser ; que la question était grave et devait être étudiée avec soin ; qu'il fallait réviser les dossiers et faire une nouvelle étude des rapports.

Voilà ce qu'on appelle s'échapper par la tangente.

Mais il ne s'agit pas, citoyens, d'une nouvelle procédure. Vos électeurs demandent que les condamnés politiques soient amnistiés.

Quoi de plus simple ?

Si parmi vos coréligionnaires de l'île des Pins se trouvent trois mille forçats en rupture de ban, et qu'il vous déplaise de les réintégrer dans leurs foyers, malgré l'empressement que l'on a mis, en 1871, à accepter leurs services, vous n'avez pas besoin, pour les distinguer de leurs compagnons d'exil, de vous livrer à l'étude des dossiers. Vous serez exactement renseignés au ministère de la justice.

C'est là, d'ailleurs, une question de détail qui ne vous regarde pas.

Les condamnés politiques doivent-ils être amnistiés ?

Une réponse, corbleu, et non des arguties.

Vos engagements sont formels, et les témoins ne manquent pas.

Refuseriez-vous, par hasard, de faire honneur à votre signature ?

Vous reconnaissez, quoiqu'en rechignant, que vous êtes nos débiteurs, mais, pour vous tirer d'embarras, vous ergotez sur l'époque de l'échéance.

Tas de farceurs !

Vous vous moquez des déportés de la commune comme de Colin-Tampon. Seulement vous auriez été enchantés d'utiliser leur exil au profit de votre popularité.

Toujours la grosse caisse !

Quand le ministre de l'intérieur, qui depuis est revenu de ses égarements, a demandé l'urgence, vous avez compris que vous auriez un refrain de moins à moduler sur la musette populaire.

Le vieux Raspail, dont la douce monomanie a un lien de parenté avec celle de Don Quichotte, est peut-être le seul qui ait voulu l'amnistie par amour pour les condamnés.

Aussi lorsque les bureaux se sont réunis, afin de nommer les membres de la commission, on s'est aperçu, non sans étonnement, que la presque totalité des commissaires était hostile au projet de loi.

## IV.

La gauche aurait bien voulu enterrer la question ; mais la droite l'en a empêchée.

Les vacances ont donné un peu de répit à la majorité......et à M. Ricard, dont le portefeuille, dit-on, ne vaut guère mieux que la santé.

Mais à quoi bon ?

Le lendemain de la rentrée, M. Robert Mitchell montera à la tribune et rappellera les membres de la gauche au respect de leurs engagements.

Sans être prophète, je prédis à M. Robert Mitchell que sa motion sera accueillie par un concert de grognements très-significatifs.

## V.

Raspail, l'apôtre convaincu de l'eau sédative et des principes républicains, a appuyé sa proposition d'amnistie sur la morale évangélique. Il a invoqué d'une voix faible mais émue la loi du pardon, cette loi que le christianisme a apportée sur la terre, et il a ajouté : l'homme qui se repent a cessé d'être criminel.

Le bonhomme ne se doutait pas, au moment où il adressait cette homélie à ses collègues, que les adversaires de l'amnistie étaient assis à gauche du président.

Si un membre de la droite avait demandé les interminables délais qu'a réclamés le citoyen Floquet, c'eût été dans les rangs de la radicaille un *tolle* général. Le pâteux Brisson aurait aligné une interminable série de périodes filandreuses sur le pain noir de l'exil et autres billevesées du même genre. — Et al...lez la musique !

L'effet de grosse caisse a raté et la prose sentimentale de l'homme à la pommade camphrée n'est pas allée à son adresse.


## VI.


Il faut rendre justice à qui de droit.

Le vieux Raspail, en demandant l'amnistie, a fait preuve de logique et de sincérité.

Chez lui, il n'y a ni feinte ni sous-entendus. Sa motion à la tribune du Corps Législatif est la fidèle expression des sentiments qui l'animent.

En définitive un décret ne coûte pas cher : un

vote, une signature, et tout est dit. A ce prix, le député de Marseille n'hésitera jamais, *tonnerre de bagasse !* à pratiquer la miséricorde.

D'ailleurs, quelles peuvent être les raisons avouables sur lesquelles s'appuie la majorité pour ajourner le retour des glorieux martyrs de Nouméa ?

Le seul crime des communards, si nous nous plaçons sur le terrain de la morale démocratique, c'est d'avoir été battus.

Supposons un instant que l'armée de Versailles ait succombé dans cette lutte gigantesque. Que serait-il arrivé ?

Les chefs de la Commune auraient succédé aux hommes du 4 Septembre, comme les hommes du 4 septembre avaient succédé au pouvoir impérial, et par des moyens à peu près analogues.

Qui donc alors se serait avisé de les poursuivre et de les envoyer coloniser l'île des Pins ? Personne.

Les ambitieux qui ont utilisé à leur profit le désastre de Sedan n'ont rien à reprocher aux insurgés de mai.

Pourrait-on nous dire qui les a investis, à cette époque, des fonctions de ministres, de préfets, de procureurs généraux qu'ils ont exercées pendant plusieurs mois?

De qui Gambetta tenait-il le portefeuille de la guerre, et Picard celui des finances ?

Cette usurpation me paraît d'autant plus grave, que la commission d'enquête a constaté, pièces en mains, l'incapacité politique et administrative de ceux qui s'en étaient rendus coupables.

Les communards, en prenant les armes, s'appuyaient, pour justifier leur conduite, sur les mêmes arguments que les héros du 4 septembre pour renverser l'Empire.

Les uns ont fusillé les ôtages, les autres ont laissé massacrer stupidement nos soldats par les armées prussiennes, lorsqu'il leur était démontré que toute résistance avait cessé d'être possible.

Les septembrisards ont fait preuve d'une scandaleuse incapacité ; les fédérés n'ont pas eu le temps d'ajouter à leur passif ce chef d'accusation, et au lieu d'aborder aux rivages heureux des fonctions lucratives, ils ont abordé à Nouméa.

Et vous ne voteriez pas l'amnistie en faveur de ces hommes ! Mais pensez donc que les rôles ont failli être changés.

D'ailleurs, les doctrines que professent les membres de la gauche ne diffèrent presque en rien de celles de la Commune.

Voyez plutôt : quelle est la nuance qui sépare la *République française*, le *Siècle*, le *Rappel* et autres feuilles de même acabit, du journal de Rochefort, *les Droits de l'homme?*

J'ai beau chercher, je ne la trouve pas.

Mêmes idées, même haine de l'Eglise, mêmes systèmes économiques, même intolérance et même français.

Et vous n'ouvririez pas les frontières de la patrie à des hommes dont vous n'êtes que la doublure ?

Quelle inconséquence !

J'ajoute que vous vous jouez sans pitié des malheureuses familles des déportés.

Comment ! vous promettez l'amnistie dans toutes vos professions de foi ; vous agitez cette question brûlante dans les réunions électorales ; vous surexcitez, dans l'intérêt de votre candidature, les passions populaires, et lorsque arrive le quart-d'heure de Rabelais, vous faussez compagnie à vos mandataires !

Et vous vous targuez, après cela, de l'austérité de votre républicanisme ! Et vous avez le front de vous appitoyer sur le sort des veuves et des orphelins, quand vous refusez de rendre à la liberté les pères et les maris !

Mais on dira, citoyens, que vos larmes ne sont que des larmes de crocodile.

## VII.

Raspail y met plus de bonhomie.

Il nous parle de l'Evangile et de la vertu surnaturelle du repentir.

A ce compte, il faut amnistier également les assassins et les voleurs qui gémissent actuellement sur la paille humide des maisons centrales.

Il en est parmi eux beaucoup qui se repentent. Je crois même que leur repentir est plus sincère que celui des Nouméens; car, voyez-vous, on trouve bien peu de gens qui aient la contrition des crimes politiques dont ils se sont rendus coupables.

Du reste, la plupart de ces malheureux n'ont commis que des peccadilles, si on compare leurs méfaits à ceux des pétroleurs, et de pas mal de septembrisards.

On sait, en effet, que les membres de la Commune se sont permis de jouer avec le feu et ont fait bon marché de la vie de leurs semblables.

Quant aux politiques du 4 septembre, si je m'en rapporte aux procès-verbaux de la commission d'enquête, ils ont sur la conscience bien des souliers à semelle de carton, sans compter les canons de Gustave Naquet, les achats de fusils sans lumière, et les marchés de pomme de terre que tout le monde connaît.

Ouvrez les bagnes, citoyens. N'oubliez pas que la miséricorde est une vertu chrétienne, et que quiconque se repent est agréable à Dieu et doit être pur devant les hommes.

Plusieurs de ceux que les cours d'assises et la police correctionnelle ont condamnés sont mariés et pères de famille.

Laisserez-vous les femmes veuves et les enfants orphelins?

N'oubliez pas que ces hommes, en général vigoureux et intelligents, peuvent rendre au pays de sérieux services.

Ils nous reviendront moralisés.

Vous hésitez?

Vous n'êtes donc pas chrétiens? Vous foulez donc aux pieds les saintes lois de la charité évangélique?

En décrétant l'amnistie de tous les condamnés, la majorité radicale ferait preuve de logique. Mais la plupart de nos mandataires sont encore embourbés dans les préjugés de leur enfance et n'ont pas le courage de leurs principes.

## VIII.

Qui dit amnistie dit remise pleine et entière de la peine infligée au coupable et des effets civils et politiques du jugement qu'il a subi.

Les citoyens pétroleurs, si l'amnistie est proclamée, pourront de nouveau pérorer dans les clubs, voter à chaque élection et se présenter aux suffrages de leurs concitoyens.

Cette mesure de haute miséricorde appellera une mesure de justice distributive.

Après avoir rendu leurs droits aux déportés, la Chambre devra interdire au clergé catholique l'exercice des siens, par la raison péremptoire, dit la petite feuille de Gambetta, « que la tonsure est indélébile ».

Rien de plus rationnel ; on ne doit pas traiter de la même façon les fusillards et les fusillés.

Puisque les incendiaires redeviennent électeurs et éligibles, il va de soi que messieurs les curés ne puissent ni voter, ni être élus, ni s'occuper d'élections.

Les proscrits circuleront librement sous la protection des lois. Ils pourront contempler à loisir les ruines qu'ils ont amoncelées et voir si les nouvelles constructions sont à l'épreuve du pétrole.

Les membres du clergé réclameront peut-être. Qu'importe ?

On leur fera comprendre que le temps des priviléges est passé, et qu'ils doivent s'abstenir de parler politique.

Si, méconnaissant la sagesse de cet avis, ils manifestent la moindre préférence pour un candidat religieux, les opérations électorales seront frappées de nullité, car « la tonsure est indélébile ».

Voilà bien l'esprit de la majorité.

Rien n'est changé depuis 93.

Ce parti est resté ce qu'il était. Son ignorance des besoins sociaux, ses appétits de famélique, sa haine de l'Eglise, son amour de la force brutale, lorsqu'il peut en tirer profit, forment autant de caractères distinctifs qui indiquent son origine et révèlent clairement le but qu'il se propose.

Grâce à l'aveuglement du suffrage universel, le Jacobinisme est à la veille de triompher. Mais son triomphe sera éphémère, à moins que la ruine de notre malheureux pays ne soit décidée dans les décrets de la Providence.

Les marchands et les bourgeois libres-penseurs ne tarderont pas à voir que tout, dans le monde, se lie étroitement et que l'on ne méconnaît jamais en vain les principes sur lesquels repose la société.

Ils ont voulu , en nommant des radicaux, se procurer le plaisir de faire pièce à leur curé, persuadés que tout se bornerait là.

Patience, bonnes gens !

La suite vous apprendra que les intérêts de votre caisse ne sont guère plus en sûreté que les intérêts du clergé.

Comment trouvez-vous que marche le commerce ? Vos ventes vont-elles mieux ? Les fabricants reçoivent-ils de plus fortes commandes ? Vos traites sont-elles payées plus exactement ? Vos ouvriers reconnaissent-ils que le problème de la vie à bon marché est enfin résolu ?

Le mécanisme administratif ne fonctionne pas encore avec aisance et facilité ; mais cela viendra, quand les préfets et les sous-préfets actuels, emportés par le flot montant des couches nouvelles, auront fait place aux fruits secs des barreaux de province et aux bohèmes en quête de linge de la presse parisienne.

Ce que je vous dis là n'a rien d'exagéré.

N'est-ce pas ce que nous répètent chaque jour, en termes différents, les *Droits de l'homme*, le *Rappel* et autres organes de la gauche ?

Vous êtes libéraux, dites-vous, et, comme tels,

vous voulez un gouvernement libéral, qui ne soit pas entaché de cléricalisme.

Ah ! oui, vraiment !

Ainsi, pour vous, le libéralisme consiste à persécuter les catholiques, ou tout au moins à laisser la presse les outrager impunément.

Depuis quand vous empêche-t-on de penser et de faire ce qui vous plaît ?

Vous contraignait-on, avant le 20 février, de vous confesser et de faire vos pâques ?

N'étiez-vous pas libres, d'élever vos enfants comme bon vous semblait et de manger du cervelas le vendredi et le carême ?

Ne pouviez-vous pas professer le culte de votre choix et même, au besoin, n'en professer aucun ?

Trouviez-vous que les mœurs n'étaient pas assez faciles et la littérature assez pourrie ?

Je comprendrais, dans une certaine mesure, ce dévergondage de doctrines, si à l'époque où les communeux faisaient l'application de vos théories politico-religieuses, vous aviez été des héros. Mais on se souvient encore de vos folles terreurs et de la hâte avec laquelle vous eûtes soin de vous esquiver de Paris.

## IX.

Vous alléguez sans cesse les *immortels principes,* de 89.

Cela prouve que vous serez toujours le Prud-homme que l'on connaît, ce type abracadabrant de chauvinisme politique et de bêtise humaine.

Vous ne savez donc pas que les radicaux, dont vous faites si bien les affaires, et Gambetta lui-même se moquent de ces fameux *principes* comme de leur première chemise, et ne s'en servent que pour piper les naïfs du commerce et de la bourgeoisie !

Voulez-vous en avoir la preuve ?

Il m'est facile de vous la donner :

« Le gouvernement est institué », disait la cons-« titution républicaine de 1793, « pour garantir à « l'homme la jouissance de ses droits naturels et « imprescriptibles. Ces droits sont l'égalité, la « liberté, la sûreté, la propriété ».

Savez-vous comment fut appliquée alors cette belle théorie ?

Pendant cette période de régénération que l'on a appelée la Terreur, tous les Français étaient égaux devant la guillotine, un cinquième de la nation languissait dans les prisons ; la sûreté était telle, que personne ne pouvait compter sur le lendemain, et la propriété fut si bien respectée, que les quinze vingtièmes de ceux qui avaient quelque chose furent dépouillés au profit de ceux qui n'avaient rien.

Aujourd'hui, messieurs les radicaux, voulant donner une preuve de leur amour pour l'égalité et la liberté, se disposent à faire du prêtre catholique une espèce de paria.

Quant à la sûreté et à la propriété, elles nous sont garanties d'avance par les menaces de spoliation que le parti profère tous les jours contre les universités catholiques et la situation que le Concordat garantit au clergé.

L'article troisième de cette fameuse Constitution était ainsi conçu : « Tous les hommes sont égaux par la nature et devant la loi ».

Dans l'article quatrième on ajoutait : « La loi « est la même pour tous, soit qu'elle protège, soit « qu'elle punisse. Elle ne peut ordonner que ce « qui est juste et utile à la société ».

Quelle dérision !

La loi est la même pour tous, même quand il s'agit de la validation des pouvoirs au Corps Législatif et de l'exercice du droit électoral ; même quand il s'agit du monopole universitaire, que la majorité travaille à rétablir, en lui donnant un caractère plus odieux et plus oppressif que sous le règne de Louis-Philippe.

« Les peuples libres », disaient encore les législateurs de 1793, « ne connaissent d'autres motifs « de préférence dans leurs élections que les vertus « et les talents.

Qu'est-ce que le peuple ? Veut-on parler des électeurs ou des élus ? Cette phraséologie n'est pas claire le moins du monde. Quoi qu'il en soit, je constate que la République de 1876 est en complet désaccord avec cet aphorisme des *Droits de l'homme.*

Si nous passons en revue les cinq cents députés dont nous a dotés le suffrage universel, nous verrons sans trop de peine que le peuple souverain n'est pas un appréciateur infaillible du talent et de la vertu. Les journaux républicains eux-mêmes ont si peu de confiance dans la sagesse des électeurs, qu'ils voient venir avec effroi les cérémonies de réception auxquelles donnera lieu l'Exposition de 1878. « Nous vous en supplions », répètent-ils aux Parisiens, « complétez le conseil « municipal d'une manière à peu près sortable, si « vous ne voulez pas que nous soyons la risée des « Allemands eux-mêmes, peu délicats pourtant en « matière de courtoisie ».

Si vous me dites que les rédacteurs de l'acte constitutionnel de 1793 ont désigné sous le nom de *peuple* les délégués de la nation, je vous répondrai que vos mandataires non plus ne se font pas une idée très-nette et du talent et de la vertu ; car ils ont exclu ou cherché à exclure de la Chambre des hommes qui paraissent posséder l'un et l'autre.

MM. de Mun, Chesnelong et Larochejacquelein, sont des orateurs aussi distingués que Germain Casse et Barodet et jouissent d'une réputation d'honorabilité au-dessus de toute atteinte.

Continuons nos citations :

« La liberté est le pouvoir qui appartient à « l'homme de faire tout ce qui ne nuit pas aux « droits d'autrui : elle a pour principe la nature, « pour règle la justice, pour sauvegarde la loi ; sa « limite morale est dans cette maxime : *ne fais pas* « *à un autre ce que tu ne veux pas qui te soit fait* ».

Je m'engage à guérir Madier-Montjau de sa surdité et le vieux Raspail de sa Jésuitophobie, si ces honorables parviennent à me démontrer que les actes de la gauche, depuis l'ouverture des Chambres, ne sont pas la contradiction flagrante de cette théorie de leurs devanciers.

« Le droit de manifester sa pensée et ses opi- « nions, soit par la voie de la presse, soit de « toute autre manière, le droit de s'assembler « paisiblement, le libre exercice des cultes ne peut « être interdit ».

Mais il me semble, citoyens, que cette doctrine

ne s'accorde guère avec les diverses propositions que vous avez déposées sur le bureau du président à l'effet de baillonner les catholiques.

Supposez-vous que la liberté de conscience n'ait rien à voir dans la suppression à tous les degrés de l'enseignement religieux ?

Pensez-vous que les pères de famille puissent accepter, sans abjurer leurs convictions, — je parle du grand nombre, — les théories matérialistes que l'on se propose de donner en pâture à leurs enfants ?

Vous me trouverez peut-être un peu vif.

Je vous ferai observer, citoyens, que c'est là une question de détail et une affaire de tempérament.

Quant au droit de contrôler vos actes et de les critiquer, si je le crois utile, vous ne sauriez me le contester. Je le tiens du législateur de 1789 dont vous invoquez sans cesse l'autorité.

« Tout citoyen peut parler, écrire, imprimer « librement ».

Voilà ce que je lis dans la *Déclaration des droits de l'homme*. Est-ce clair ? Mais il y a mieux, car je puis vous demander compte, en vertu des mêmes *principes*, que les Prud'hommes du centre gauche qualifient *d'immortels*, de vos faits et gestes comme représentants du peuple.

Vous supposez peut-être que l'enquête dont

je vous menace n'a pas de sanction possible. Permettez, citoyens, il ne saurait être question entre nous du système adopté par la dernière Chambre à l'égard des héros du 4 septembre.

L'Assemblée nationale était composée en majorité de cléricaux et de réactionnaires imbus d'anciens préjugés.

Mais je vous avertis que, prenant au sérieux les institutions républicaines, je demanderai sans sourciller que l'on fasse une sévère application de nos *immortels principes*.

En voici deux ou trois que je tiens à vous mettre sous le nez, afin de vous rappeler aux sentiments de sagesse et de modération qui conviennent à un représentant du peuple souverain :

— « Les délits des mandataires du peuple et « de ses agents ne doivent jamais rester im- « punis ».

— « Nul n'a le droit de se prétendre plus « inviolable que les autres citoyens ».

— « La résistance à l'oppression est la consé- « quence des autres droits de l'homme ».

— « Quand le gouvernement viole les droits « du peuple, l'insurrection est pour le peuple, et « pour chaque portion du peuple, le plus sacré « des droits et le plus indispensable des devoirs ».

— « Que tout individu qui usurperait la souve-

« raineté soit à l'instant mis à mort par les
« hommes libres ».

Hein, que dites-vous de ces principes? J'ignore
s'ils sont *immortels*, mais je vois clairement
qu'ils m'autorisent à prendre vis-à-vis de vous
pas mal de familiarités.

Je n'userai probablement pas des droits variés
que me donnent les *immortels principes* de notre
*glorieuse* révolution, mais laissez-moi les invoquer
une fois encore en faveur des colons de Nouméa.

Ces braves gens avaient lu la *Déclaration des
droits de l'homme et du citoyen*, et ils l'ont prise au
sérieux.

Ils ont voulu demander compte aux hommes
du 4 septembre de leurs faits et gestes, parce
qu'ils étaient convaincus que « les délits des
« mandataires du peuple ne doivent pas rester
« impunis, et que nul n'a le droit de se prétendre
« plus inviolable que les autres citoyens ».

Ils n'avaient pas oublié non plus que « l'insur-
« rection est parfois le plus saint des devoirs ».

Quelques-uns d'entre eux, me direz-vous,
ont un certain nombre d'assassinats sur la conscience.

Sans doute, mais nos *immortels principes* les
justifient de la façon la plus victorieuse ; car,
persuadés que l'assemblée de Versailles et ses
adhérents en voulaient à la République, ils ont

relu cet aphorisme de notre *glorieuse* Révolution :
« Que tout individu qui usurperait la souverai-
« neté, soit à l'instant mis à mort par les hommes
« libres ».

De la logique, mes frères, de la logique !

Il faudrait une fois pour toutes que la République cessât de ressembler à une fille de joie
qui prècherait la modestie.

Affichez tant qu'il vous plaira vos théories li-
bérales, mais décidez-vous enfin à en faire
l'application.

Remplissez vos journaux et vos discours de périodes humanitaires. Prêchez-nous, avec Raspail
et vos pères de 89, la mansuétude évangélique,
si vous trouvez cela amusant, mais que votre
conduite ne nous oblige pas à répéter, en la
modifiant un peu, cette parole de Mirabeau :

LA LIBERTÉ EST UNE GARCE QUI AIME A SE COU-
CHER SUR DES CADAVRES.

Nous n'en sommes pas encore là, citoyens ;
mais il me semble que, n'ayant pas de cadavres
à sa disposition, votre..... belle aux yeux noirs
est disposée à se faire un matelas de nos droits
les plus inviolables.


*P.-S.* — Au moment où je venais de clore ces
quelques réflexions, M. Ricard adressait une
nouvelle circulaire à MM. les préfets.

Il leur apprend que nous sommes en République, ce que la plupart de ces honorables fonctionnaires avaient l'air d'ignorer.

Maintenant, Messieurs, que vous voilà avertis, n'allez pas vous fourrer le doigt dans l'œil, en prenant une attitude peu sympathique à nos institutions. Bien que nous ne soyons plus au temps de Pâques, vous aurez à faire votre confession, et surtout qu'elle soit sincère ! Pas de restrictions mentales, s'il vous plaît. Dites nettement ce que vous êtes et, au besoin, ce que vous pensez. Souvenez-vous que vous devez, en toute occasion, témoigner aux corps électifs une déférence respectueuse, et traiter votre brosseur avec tous les égards dus à son rang, si le Peuple Souverain, dans un moment de gaité, en a fait un conseiller municipal. N'oubliez pas, enfin, qu'avec nos mœurs démocratiques, la courtoisie est chose naturelle et que vous devez partout et toujours en faire preuve dans vos rapports avec le public.

M. Ricard recommande à ses subordonnés de poursuivre l'œuvre de conciliation que le ministère a entreprise.

A la bonne heure !

Je vois avec plaisir que M. Ricard, dédaignant d'imiter ses prédécesseurs qui se faisaient un devoir de conscience de paraître maussades, se montre accessible aux pensées de bienveillance et de miséricorde.

Il éprouve le besoin d'apaiser les esprits et de tranquilliser les consciences.

Ce sentiment part d'un bon naturel et a droit à nos éloges.

Puisque M. Ricard est en train de prêcher la mansuétude, il ferait on ne peut mieux d'intervenir auprès du Corps législatif, et de son collègue, M. Waddington.

Voici quel pourrait être le sens de sa circulaire :

« Messieurs les Députés,

« La République, vous l'avez souvent répété, doit être le gouvernement de tous, ou, si vous l'aimez mieux, le gouvernement du pays par le pays.

« Nous nous compromettrions si nous n'aimions la liberté que lorsqu'elle nous profite.

« La même observation s'applique à l'égalité et à la fraternité, que nous affichons partout, mais que nous pratiquons très-rarement.

« Les catholiques étant français, nous ferions bien, jusqu'à nouvel ordre, de ne pas les dépouiller de leurs droits de citoyens.

« Je crois donc, Messieurs, qu'à l'avenir vous devrez éviter de les traiter en parias, et vous persuader que leurs votes sont aussi éclairés et aussi libres que ceux de nos électeurs.

« En vous plaçant à ce point de vue, qui est le seul vrai, vous vous épargnerez des discussions irritantes ; vous renoncerez à ce besoin d'invalidations et d'enquètes que vous éprouvez et que l'on s'explique difficilement.

« Comme vous ètes libres, que vous ayez un culte ou que vous n'en ayez pas, d'élevèr vos enfants à votre guise ; que vous pouvez, si cela vous plaît, fonder autant d'universités qu'il y a de villes en France, il serait bon de laisser aux catholiques la mème faculté.

« Les dépouiller d'un droit qu'on ne peut leur contester, sans faire des entorses à la logique, c'est vouloir se les aliéner gratuitement.

« Vos déclamations contre les curés et les communautés religieuses ne contribuent pas non plus à apaiser les esprits.

« En 1848, les hommes religieux avaient accepté la république, supposant qu'elle ne s'attaquerait pas à la liberté de conscience. Dès 1849, nous trouvions le moyen de semer l'épouvante parmi ces nouveaux-venus.

« En 1870, les catholiques se sont battus pour la délivrance de la patrie, sans se préoccuper de l'étiquette du gouvernement sous lequel ils servaient.

« Par malheur, tout ce qui représente le parti républicain en France se montre passionnément hostile aux idées religieuses.

« Comment voulez-vous que je prêche la conciliation à des gens que vous outragez de la façon la plus odieuse, dans vos journaux, dans vos réunions publiques et privées et jusqu'à cette tribune ?

« Lorsque vous vous plaindrez de la vivacité de leurs ripostes, ils se contenteront de vous répondre : si vous tenez à voir cesser les hostilités, vous n'avez, citoyens, qu'à nous donner l'exemple.

« Que dire à cela ?

« Pour rester maîtres du champ de bataille, ferez-vous appel à la persécution ?

« Hélas ! c'est un moyen que l'on emploie sans succès depuis déjà longtemps.

« Aurez-vous recours à des mesures légales ?

« N'oubliez pas que ce genre de violence est le pire de tous. C'est en vain que vous vous flatteriez d'échapper à la loi du talion ».

Si vous teniez ce langage aux députés, Monsieur le Ministre, vous n'arriveriez pas sans doute à donner du bon sens à ceux d'entre eux qui en manquent, mais vous auriez fait preuve de patriotisme et signalé le seul moyen qu'ait le pouvoir de calmer les esprits, et de nous réconcilier avec une forme de gouvernement qui est devenue synonyme de terreur, d'impiété et d'anarchie, en 1793 et en 1850.

Vous éviteriez enfin le retour périodique de ces coups de force que les ambitieux ont coutume de tenter, parce que les peuples, en haine du suicide, refusent de boire trop longtemps à la coupe empoisonnée que leur présentent les utopistes.

Il faut avouer que vous manquez une belle occasion de fonder la République.

FIN

Bar-le-Duc. — Typographie des CÉLESTINS. — BERTRAND.